KiWi

KiWi 12

Ronald D. Laing

Liebst du mich?

Aus dem Englischen von
Hans Hermann und Charlotte Franke

Kiepenheuer & Witsch

Ronald D. Laing
Liebst du mich?

Geschichten in Gesprächen und Gedichten

Zuerst erschienen unter dem Titel
Do you love me
bei Pantheon Books, A Division of
Random House, Inc., New York, 1976

Aus dem Englischen von Hans Hermann
und Charlotte Franke

Umschlag Hannes Jähn, Köln
Gesamtherstellung Clausen & Bosse, Leck
ISBN 3 462 01535 4

Inhalt

Zu der Übersetzung

Wenn ein Übersetzer seinen eigenen Text kommentiert, ist im allgemeinen Argwohn angebracht. Der Leser erwartet mit Recht eine Übersetzung, die für sich selbst spricht. Bei den ungewöhnlichen Gedichten Ronald D. Laings scheinen uns jedoch ein paar einleitende Bemerkungen zur deutschen Übersetzung nicht nur gerechtfertigt, sondern notwendig.
Wie soll überhaupt eine Gedichtübersetzung aussehen? Eine Übersetzung, behauptet da einer, muß sich lesen wie ein Original. Sie darf nicht als Übersetzung zu erkennen sein.
Ganz falsch, meldet sich ein anderer. Der Leser einer Übersetzung muß spüren, daß da etwas Fremdartiges ist, daß er in einen anderen Sprachraum eindringt. Eine allzu glatte und flüssige Übersetzung ist ohne Reiz.
Was soll's, sagt ein Dritter, Gedichte sind ohnehin nicht übersetzbar. Man kann den poetischen Reiz eines Gedichts, die ganzen Reime, Rhythmen usw. gar nicht erhalten, ohne den Inhalt zu verfälschen.
Der Vierte schließlich meint: Es ist doch bei einem übersetzten Gedicht nicht wichtig, daß jede inhaltliche Nuance erhalten bleibt. Entscheidend ist, daß ein gut lesbares deutsches Gedicht entsteht, das sich eng an die Form des Originals anlehnt. Inhaltlich braucht nur der Gesamteindruck zu stimmen, nicht das Detail.
Über all diese Fragen läßt sich zwar trefflich streiten, doch in der Praxis muß sich der Übersetzer einfach damit abfinden, daß bei der Übertragung eines Textes – insbesondere eines Gedichtes – *immer* etwas verlorengeht. Es kann nur darum gehen, diesen Verlust so gering wie möglich zu halten. Wenn es nun einem Autor wie Ronald D. Laing gefällt, vertrackte Gedanken in geschliffenen, witzigen Versen zu äußern, muß sich der Übersetzer immer mal wieder eingestehen, daß eine adäquate Übersetzung nicht möglich ist, und er sieht sich vor der Frage: soll ich nun lieber den Inhalt oder die Form ins Deutsche hinüberretten?

Beim Lesen des englischen Textes glaubt man unmittelbar zu spüren, welchen Spaß es dem Autor bereitete, diese Verse zu schmieden. Ob er nun alte Kinderlieder verfremdet oder mit eigenen Reimen jongliert – stets arbeitet er mit allen Raffinessen, mit Assonanzen und Binnenreimen, mit Endreimen und subtilen Verklammerungen; und manch witzige und überraschende Formulierung ist wohl auf diesem Umweg entstanden.
Natürlich hatten wir beim Übersetzen den Ehrgeiz, im Deutschen ähnlich kunst- und klangvolle Gebilde zu bauen, und nicht selten feilten wir stundenlang mit großem Vergnügen an ein paar Zeilen herum. Auf diese Weise entstanden von manchen Gedichten fünf, sechs und noch mehr deutsche Fassungen, ehe wir schließlich einsehen mußten, daß es mit der geschliffenen Form allein nicht getan war; wollten wir dem Autor gerecht werden, mußten wir uns inhaltlich so eng wie möglich an den Originaltext halten. Immer wieder mußten wir schweren Herzens auf eine formale Feinheit verzichten, wenn uns eine inhaltliche Aussage so wichtig schien, daß sie nicht unter den Tisch fallen durfte.
Daß man gelegentlich mit dem Inhalt auch etwas großzügiger umgehen könnte, macht vielleicht das folgende Gedicht (Nr. 48) deutlich. Man braucht diese Zeilen nur einmal laut und langsam zu lesen, um zu erkennen, wie sorgfältig hier jedes Wort gewählt ist, wie sehr die Wirkung dieses kleinen Gedichts vom Klang bestimmt wird:

I could tell
    from your eyes
you fell
    from the skies
  out of the blue
  there were you
but I knew it wasn't true
and away
    you flew

Wenn man nun nicht so sehr auf die inhaltlichen Details achtet und nur versucht, den Grundgedanken wiederzugeben und die Stimmung und den Wohlklang ins Deutsche zu übertragen, kommt man beispielsweise auf diese Fassung:

Ich saß
unter Bäumen
im Gras
beim Träumen
kaum warst du hier
ganz nah bei mir
war der Traum verflogen
und ich
betrogen

Sicher kann man darüber streiten, ob das noch Laing ist. Nach unserer Überzeugung wird jedenfalls eine derartige Übersetzung dem Autor voll gerecht, denn im Kern ist die inhaltliche Aussage erhalten geblieben. Wenn wir uns dann letztlich doch für eine wortgetreuere Übersetzung entschieden haben, dann einfach um der einheitlichen Linie willen: nicht alle Gedichte ließen sich auf die oben zitierte Weise übertragen.

Damit wenigstens die Leser mit Englischkenntnissen den ganzen formalen Reiz dieser Gedichte sehen, findet sich in dieser Ausgabe neben der Übersetzung immer der englische Originaltext. Vielleicht verleitet das gar den einen oder anderen, sich selbst als Übersetzer zu versuchen. Er wird dann schnell feststellen, was für ein vergnügliches und zugleich frustrierendes Geschäft das ist – so faszinierend, daß man davon kaum mehr loskommt. Bei der Beschäftigung mit Ronald D. Laings Gedichten werden einem die Grenzen und die Möglichkeiten des Übersetzens eindringlich bewußt.

Hans Hermann

Liebst du mich?

Eins

1

Rückkehr des verlorenen Sohns I

MUTTER er ist zurückgekommen dich zu besuchen
SOHN Tag Dad
VATER guten Tag (*Pause*) wer sind Sie?
SOHN ich bin dein Sohn Dad
VATER ach mein *Sohn*
SOHN ja Dad
VATER und wie heißt du?
SOHN Peter
VATER du bist mein Sohn Peter
SOHN ja Dad
VATER du bist mein Sohn Peter
SOHN ja Dad ich bin dein Sohn Peter
VATER du hast früher bei meiner Frau gewohnt
hätte nicht gedacht dich je wiederzusehen
SOHN nun bin ich da Dad
VATER schön dich wiederzusehen Peter
SOHN schön dich wiederzusehen Dad
VATER und bist du verheiratet Peter?
SOHN ja Dad
VATER und hast du Kinder?
SOHN ja Dad
VATER und was hast du denn so getrieben?
SOHN ich war viel unterwegs
VATER und hast du's zu was gebracht?
SOHN man soll nichts verschreien aber ich denke schon
VATER wie schön wie schön
und bist du verheiratet Peter?
SOHN ja Dad
VATER und hast du Kinder?
SOHN ja Dad
VATER und was tust du so?

SOHN ich bin Musiker
VATER Peter hat sich immer für Musik interessiert
SOHN ja
VATER bleibst du lange?
SOHN noch ein paar Minuten dann muß ich weg
VATER nun es freut mich dich zu sehen Peter
SOHN freut mich auch Dad
(*Pause*)
SOHN wie geht es *dir* denn immer so?
VATER ich will nicht daß sie vor mir stirbt
MUTTER sag doch nicht so was
(*Pause*)
VATER Sie sind Physiker?
SOHN ja
VATER mein Sohn Peter ist Musiker
kennen Sie ihn?
SOHN ich bin mir nicht sicher
VATER er ist viel unterwegs er ist verheiratet
er hat's zu was gebracht er hat Kinder
kennen Sie ihn wirklich nicht?
SOHN das bin ich doch selber
VATER ach das sind Sie selber
SOHN ich bin dein Sohn Peter
VATER mein Sohn Peter
hätte nicht gedacht dich je wiederzusehen Peter
das ist aber schön hast du gehört
das ist mein Sohn Peter
SOHN du hast einen Sohn der Peter heißt?
VATER ja so heißt mein Junge
SOHN und was hältst du so von Peter Dad?
MUTTER jetzt reicht's aber!
SOHN warum denn?
MUTTER du bist schon viel zu weit gegangen
SOHN sei still
es macht ja nichts
MUTTER du warst schon immer so
SOHN halt du dich da raus
MUTTER das ist *meine* Sache

SOHN sag was hältst du von Peter?

VATER (*lachend*) ein richtiger kleiner Gauner ist das

MUTTER (*legt dem Vater die Hand auf den Mund und nimmt sie auch nicht wieder weg, als sie sich an den Sohn wendet*) Schluß mit dem Unsinn

SOHN (*zieht mit festem, aber ruhigem Griff die Hand der Mutter vom Mund des Vaters. Sie stemmt sich mit aller Kraft gegen ihn, ohne einen Ton von sich zu geben. Bis sie beide Hände wieder im Schoß liegen hat*) ist ja gut (*gibt ihr einen Kuß*)
ich versprech's dir ich muß jetzt sowieso gehen
(*wendet sich an den Vater*)
ich bin Peter ich muß jetzt gehen Dad

VATER war schön dich zu sehen Peter
hätte nicht gedacht dich je wiederzusehen

SOHN Wiedersehn Dad
wirklich schön dich mal wieder zu sehen

VATER Wiedersehn Peter
schön war's

SOHN Wiedersehn Mum
(*Küsse*)

MUTTER wart nicht so lang bis zum nächsten Mal

SOHN bestimmt nicht
(*Küsse*)

2
Gestammel

1 Ich konnte es nicht glauben ich konnte es einfach nicht glauben konnte es einfach nicht glauben ich ich ich konnte es einfach nicht glauben konnte es nicht glauben konnte es nicht glauben ich konnte es einfach nicht konnte es einfach nicht glauben konnte es nicht glauben ich ich konnte ich konnte es einfach ich konnte es einfach nicht glauben es einfach nicht glauben konnte es einfach nicht glauben konnte es nicht glauben konnte es nicht glauben

2 weißt du was ich meine weißt du weißt du was ich meine es ist irgendwie es ist nun es ist es ist nun weißt du was ich meine weißt du weißt du du kannst dir ja gar nicht vorstellen weißt du was ich meine weißt du es ist es ist nun es ist eigentlich nichts Bestimmtes weißt du was ich meine es ist eigentlich nichts weißt du was ich meine ich halt es einfach nicht aus

3 Womit trage ich mich da eigentlich herum? Was ist los? Probleme? Gibt es ein Problem? Das ist es ja. Das ist das Problem. Vielleicht. Vielleicht auch nicht. Aber trotzdem. Warum glaube ich es muß ein Problem geben wenn es gar keins gibt und warum glaube ich es darf kein Problem geben wenn es doch eins gibt? Trotzdem. Egal ob es ein Problem gibt oder nicht – auf jeden Fall ist es ein Problem wieviel Zeit man darauf verwenden soll herauszufinden ob es nun eins gibt oder nicht – und überhaupt – was spielt das eigentlich für eine Rolle ob es ein Problem gibt oder nicht – wenn es ein Problem *ist,* dann ist das ein Problem

4 nicht denken nicht nicht denken nicht nicht *nicht* denken *nicht* nicht nicht nicht nicht nicht denken nicht vergessen nicht erinnern nicht tun nicht nicht tun *tu* nichts tu nicht nichts tu gar nichts was nicht erlaubt ist ist verboten

5 Mein Hals liegt unterm Fallbeil die Schneide saust herab mein Kopf fällt auf die eine mein Körper auf die andere Seite wo werde ich sein?

3
Haben Sie einen Korkenzieher?

Kleiner alter Laden, abends, Dezember
JUNGER MANN, *Rotweinflasche in der Hand, kommt durch die Ladentür herein*
ALTER MANN *kommt aus dem rückwärtigen Teil, tritt hinter den Ladentisch*

ALTER MANN Guten Morgen
JUNGER MANN (*nach einer Pause, schroff*) Guten Morgen . . .
ALTER MANN Ja bitte?
JUNGER MANN Ja. Tschuldigung. Haben Sie einen Korkenzieher?
ALTER MANN Warum?
JUNGER MANN (*nach einer Pause, schroff*) Ich will die Flasche hier aufmachen.
ALTER MANN (*hastig, und als wäre damit alles erklärt*) Aha, verstehe
(*Pause*)
JUNGER MANN Na, und?
ALTER MANN (*freundlich und geduldig*) Was denn?
JUNGER MANN Haben Sie einen Korkenzieher?
ALTER MANN Nein
JUNGER MANN Na dann da-
ALTER MANN (*unterbricht ihn*) Tut mir leid. Ich hab keinen
JUNGER MANN Na dann d-
ALTER MANN (*unterbricht ihn*) Tut mir wirklich sehr leid, ich hab keinen
(*Pause*)
Haben Sie's schon mal woanders probiert?
JUNGER MANN Ja hab ich
ALTER MANN Hatten die einen?
JUNGER MANN Nein hatten sie nicht
ALTER MANN Und die Straße rauf? Haben Sie's da mal probiert?
JUNGER MANN Ja hab ich

ALTER MANN	Hatten die einen?
JUNGER MANN	Nein hatten sie nicht
ALTER MANN	Die Straße rauf lohnt nicht die haben nie was.
JUNGER MANN	Na dann d-
ALTER MANN	(*unterbricht ihn*) Und die Straße runter? Waren Sie da schon?
JUNGER MANN	Nein war ich nicht
ALTER MANN	(*mit plötzlicher Entschiedenheit*) Probieren Sie's die Straße runter. Probieren Sie's da!
JUNGER MANN	Ja gut, danke. Tu ich. Und besten Dank auch.
ALTER MANN	Keine Ursache. War mir ein Vergnügen. Guten Tag
JUNGER MANN	Guten Tag

4

Ich hab's verloren

Was denn?

Hast du's gesehen?
Was denn?

Mein Gesicht

Nein

5

ARZT Wie geht es Ihnen?
Der Patient deutet auf den Schlauch, der in seiner Luftröhre steckt
ARZT Es tut mir leid

Als ihm klar wird, daß der Patient ja nicht sprechen kann, greift der Arzt zu Block und Bleistift und schreibt
WIE GEHT ES IHNEN?
und reicht beides dem Patienten, damit der ihm antworten kann.

Der Patient nimmt den Block und den Bleistift und schreibt
TAUB·BIN ICH NICHT

6

Rote Spinnen sagst du?

Mit grünen Augen

Wann hat das denn angefangen?

Gleich nachdem ich wegging von ihr

Und es hört nicht auf?

Sie waren schon ein paar Monate nicht mehr da dafür kommen jetzt Vampire mit zwei Meter Spannweite und stechenden grünen Augen. Neulich hätte mich fast einer erwischt

Wie denn?

Ich hab grad nicht aufgepaßt. Saß entspannt in der Badewanne und überließ mich einem schönen schwarzen Nepal. Da fuhr einer auf mich los

Und dann?

Er durchbrach meinen psychischen Schutzschild. Und hing mir fast an der Kehle

Und?

Gedankenkontrolle konnte ihn gerade noch aufhalten. Aber es war knapp

Man kann nicht vorsichtig genug sein

Nur zu wahr

Triffst du dich wieder mit ihr?

Morgen

Viel Glück

7

Sie sind Jude, nicht wahr?

Ja

Sie sehen aber gar nicht aus wie ein Jude Sie verstehn schon

Nein

Aber ein *Orthodoxer* oder so was sind Sie nicht?

Nein nein

Wir haben hier ja keinen Antisemitismus da sollte es keine Schwierigkeiten geben Sie verstehn schon

Schön um so besser

Nein wirklich Schwierigkeiten sollte es da keine geben (*Pause*) sind Sie auch bestimmt kein Orthodoxer?

Aber nein ich bin Psychoanalytiker

Ach ja natürlich natürlich nein da sollte es keine Schwierigkeiten geben sagen Sie einfach Sie sind Presbyterianer Sie verstehn schon

8

Rückkehr des verlorenen Sohns II

Vater

Bastard!

Vater!

Bastard!

Barnacle Bill ist mein Vater

ich *bin* Barnacle Bill

Vater!

Bastard!

Zwei

9
Fabel I

Jack und Jill sind verheiratet und lieben einander
Jack glaubt immer wieder, Jill triebe es
mit Tom, Dick oder Harry, aber er irrt sich

Jacks bester Freund ist John
Johns Frau verläßt John, und Jack lädt John ein,
bei ihm und Jill zu wohnen

Jill tröstet John, und John vögelt Jill
Auf diese Weise entdeckt Jill,
daß Jack seinem Freund John nicht trauen kann

Empört über Johns Verrat an Jack
sagt Jill zu Jack, er könne John nicht trauen, sagt aber nicht warum
Jack glaubt, Jill sei eifersüchtig auf ihn und John und nur darauf aus, ihre Freundschaft zu zerstören

Jack verläßt Jill

Jack und John gehen zusammen fort

10

Fabel II

Jack und Jill sind verheiratet, sie lieben einander und haben Kinder

Jack glaubt, Jill habe ein Verhältnis mit Tom, seinem besten Freund

er vertraut sich Jane an, Jills bester Freundin,
die seinen Verdacht bestätigt

Desgleichen Tom

Jill bestreitet alles
Jack kann ihr nicht mehr glauben
er verläßt Jill und die Kinder
und zieht mit Jane zusammen

Jill zieht mit Tom zusammen

In Wirklichkeit waren nämlich Jane und Tom die heimlichen Liebenden: aber das haben Jack und Jill nie erfahren

11

Fabel III

Jack, Dick und Tom sind die besten Freunde
Jill, Jane und Joan sind die besten Freundinnen

Jack und Jill verlieben sich ineinander
Dick und Jane verlieben sich ineinander

Jack und Joan verlieben sich ineinander
Tom verliebt sich in Joan
Joans Liebe zu Jack erlischt und entflammt für Tom
Jane verliebt sich in Tom
Toms Liebe zu Joan erlischt und entflammt für Jane
Jacks Liebe zu Joan erlischt und entflammt für Jane

Jane hat Jack, Dick und Tom

Joan bringt sich um

Janes Liebe zu Tom erlischt
und entflammt erneut für Dick

Jacks Liebe zu Jane erlischt
und entflammt erneut für Jill

Dick und Jill wissen nichts von
Jack und Jane, Jack und Joan,
Tom und Jane, Tom und Joan

Tom weiß nichts von Jack und Jane

Drei

12
Nie siehst du mich an

Er legt Musik auf
Nach einer Weile

SIE Wie wär's mit ein bißchen Musik?

Er nimmt die Platte herunter und legt eine andere auf
Sie nimmt sie wieder herunter und legt eine andere auf
Nach einer Weile

SIE Gefällt sie dir?
ER Nicht besonders
(*Pause*) aber das macht nichts (*Pause*)
es tanzt ja keiner

Sie legt eine andere auf

ER Könntest du nicht mal irgendwas auflegen, was 'n bißchen persönlicher ist?

Sie nimmt eine Platte herunter und legt ohne Kommentar eine andere auf. Schweigend sitzen sie da, bis die erste Seite abgespielt ist

SIE Ich weiß nicht, was ich jetzt auflegen soll
ER Dann leg eben gar nichts auf
SIE Aber *irgend*was möchte ich schon hören
ER Dann leg doch etwas auf, was du kennst und auch magst
SIE Kennst du die hier?
ER Nein. Du?
SIE Nein

Sie legt sie auf
Nach einer Weile

ER Warum legst du eigentlich nicht was auf, was wir beide kennen und mögen oder wenigstens was *du* kennst und magst? Ich kann es nun mal nicht leiden, wenn sich in unserer Wohnung lauter fremde Typen breitmachen

SIE Mir gefällt das recht gut
ER Mir nicht

Sie nimmt sie herunter. Legt wieder dieselbe auf, die sie davor gehört haben

SIE Die kenn ich und mag ich auch

Er nimmt sie herunter. Legt eine andere auf

ER Die hier finde ich unheimlich gut

Er macht lauter

SIE Kannst du das nicht ein bißchen leiser stellen?

Er macht leiser

SIE Kann ich nicht eine andere auflegen? Oder nein. Ich warte lieber noch
ER Eine Seite werde ich ja wohl zu Ende hören dürfen

Sie macht noch leiser

ER Ich hör ja gar nichts mehr. (*Pause*) Stört's dich, wenn ich es etwas lauter stelle?
SIE Nein

Er macht lauter

SIE Nie siehst du mich an
ER Wie bitte?
SIE Ich schrei mir doch nicht die Kehle aus dem Hals

Er macht leiser

SIE Nie siehst du mich an

Er macht wieder lauter

13
Heut nacht nicht Josephine

ER was willst du?
SIE schlaf mit mir
ER du bist
eine Plazenta die mich vergiftet und auslaugt
eine Gebärmutter die mich erstickt und zermalmt
eine Nabelschnur die mich würgt und erdrosselt
deine Scheide ist das Tor zur Hölle
heut nacht nicht Josephine
SIE du kannst einem aber auch so richtig die Stimmung verderben
ER mach das Licht aus
SIE das hast du schon selbst ausgemacht

14

Heut nacht nicht Ödipus

ER wollen wir?
SIE nicht so
ER ich hab mehr für dich übrig als du für mich
SIE das kommt nur weil du verklemmt bist
ER wie kommst du denn darauf?
SIE du kannst deine eigenen Gefühle nicht ausstehen
drum versteckst du sie alle in deinem Penis
ER du hast nicht so viel Zeit für mich
wie ich für dich
SIE du meinst wohl du willst mich öfter vögeln
als ich mich vögeln lassen will
ER ich schau gern in deine Augen
SIE Leute mit einigermaßen reifen Gefühlen scheinen es
nicht nötig zu haben sich pausenlos anzustarren
so wie du es mit mir tust
ER dein Gesicht leuchtet im Schein des Feuers
SIE ich wette jetzt denkst du an deine Mutter
ER Mami!
SIE heut nacht nicht Ödipus

15
Küßchen

SIE du wolltest mich doch fragen was ich mir zum Geburtstag wünsche

ER Ach ja. Hab ich ganz vergessen. Was wünschst du dir denn?

SIE rat mal

ER das Haupt Johannes des Täufers

SIE sei nicht frivol

ER was dann?

SIE unsere Scheidung

ER zu teuer

SIE Ach Liebling bitte

ER ich will sehen was sich machen läßt
aber versprechen kann ich nichts

SIE versprich wenigstens daß du dir Mühe gibst

ER ich verspreche es

SIE Küßchen

ER Küßchen

16

Ich kann dich nicht hören

ER ich kann dich nicht hören
SIE weil du nicht hinhörst
ER ich versuch's ja
SIE wie lieb von dir daß du's wenigstens *versuchst*
ER ich versuche nur dir verständlich zu machen
daß ich dich höre
SIE ich verzichte auf dein Verständnis
ER schon gut
SIE eben nicht
ER was ist nicht gut
SIE daß du nicht hinhörst
ER du verstehst eben nicht dich mitzuteilen
SIE der Stumme und der Taube
ER du sagst es
SIE laß das
ER darf ich denn nicht deiner Meinung sein?
SIE das ist nicht komisch
ER hab ich auch nie behauptet

17
Es ist schwer

ER es ist schwer
SIE schwer
ER schwer abzustellen
SIE sehr schwer
ER vor allem
SIE ja
ER wenn
SIE genau
ER es ist schwer
SIE stellen wir's ab
(*Pause*)
ER abgestellt
SIE abgestellt
(*Pause*)
(*fast gleichzeitig*)
SIE o-
ER es hat wieder angefangen
SIE stellen wir's ab
ER wie?
SIE abgestellt
(*Pause*)
SIE (*redet darüber*)
es ist schwer
ER was *ist* es denn?
(*Pause*)
SIE es hat wieder angefangen
ER abgestellt
(*Pause*)
SIE du tust es schon wieder
ER du tust es schon wieder
(*Pause*)
SIE schwer
ER es ist schwer

18

Hör auf damit

SIE hör auf damit
ER hör doch du auf damit
SIE wie soll ich damit aufhören wenn ich es gar nicht tue
ER du hast damit angefangen
SIE und du sollst damit aufhören
ER wie soll ich damit aufhören wenn ich es gar nicht tue
SIE glaub ja nicht daß ich dir das durchgehen lasse
ER was durchgehen lasse?
SIE diesmal kommst du mir da nicht so leicht raus
ER woraus denn?
SIE stell dich bloß nicht so dumm
ER nichts liegt mir ferner
SIE Schluß damit
ER ich tu ja gar nichts
SIE laß das
ER was denn?
SIE hör endlich auf damit
ER womit?
SIE damit
ER womit?
SIE das weißt du ganz genau
ER leider nein
SIE leider nein
ER ich werd jetzt schlafen
SIE du bist nie wach gewesen

19

Wo kommt das nur alles her?

SIE wo kommt das nur alles her?
ER kommt was alles her?
SIE alles – diese ganze verdammte Scheiße die du ständig über mir auskippst
ER du solltest deinem Herrgott dafür danken
ER der kann mich mal
ER der Herr hat's gegeben der Herr hat's genommen
SIE das hättest du mir sagen sollen
ER was?
SIE daß ich mit Gottvater dem Allmächtigen zusammenlebe
ER was ist denn nun schon wieder los?
SIE offensichtlich hältst du dich doch für Gottvater den Allmächtigen
ER mäßige dich
SIE wie ein kleiner Herrgott benimmst du dich
wie ein kleiner Herrgott
ER ich bin nicht Gottvater der Allmächtige
ich bin kein kleiner Herrgott
SIE tatsächlich nicht?
ER nein tatsächlich nicht
SIE lügen kannst du!

20
Du glaubst damit kommst du so einfach durch

SIE du glaubst damit kommst du so einfach durch
ER womit soll ich durchkommen?
SIE du haßt die Frauen. Du machst sie kaputt. Sieh dir doch all die Frauen an die du kaputtgemacht hast
ER sie ansehen?
SIE sieh sie dir genau an
ER ich hab kein besonderes Verlangen danach
SIE na und?
ER was na und?
SIE mit mir wirst du das nicht machen
ER was machen?
SIE was du mit denen gemacht hast
ER was hab ich denn gemacht mit denen?
SIE sieh sie dir an
ER tja
SIE du hast sie auseinandergenommen und fertiggemacht und einfach hierbehalten und jetzt sind sie überall um uns herum. Aber mich wirst du nicht so einfach auseinandernehmen und fertigmachen.
ER also wirklich
ich sch das nicht
SIE ich *rieche* es sogar
ER weil du deine Nase am Arsch hast

21
Also dann

SIE also dann
ER also dann was?
SIE du weißt schon
ER was weiß ich?
SIE das weißt du ganz genau
ER nein das weiß ich nicht ganz genau
SIE na komm schon
ER komm du doch
SIE hör auf damit
ER hör du auf damit
SIE du sollst das lassen
ER du hast damit angefangen
SIE und du machst immer weiter damit
ER weiter womit?
SIE du tust es immer noch
ER was denn?
SIE das weißt du ganz genau
ER darauf laß ich mich nicht noch mal ein
SIE du hast dich noch nie auf etwas eingelassen
ER hört hört
SIE ich höre

22
Was für ein gemeiner Lügner du bist

SIE also?
ER also was?
SIE du hast es getan nicht wahr?
ER wovon redest du überhaupt?
SIE du weißt ganz genau wovon ich rede
ER wenn du immer noch davon redest dann hab ich alles gesagt was es zu sagen gibt
SIE du hast es getan nicht wahr?
ER darauf hab ich dir schon geantwortet
SIE du hast es getan nicht wahr?
ER ich laß mich doch nicht verhören
SIE du brauchst mir nur die Wahrheit zu sagen
ER das hab ich bereits getan
SIE wer war es?
ER niemand
SIE was für ein Lügner du bist
ER du hast gesagt du bist nicht eifersüchtig
SIE lenk doch nicht ab
ER was redest du denn immer noch davon? Ich hab dir alles gesagt
SIE ich bin nicht eifersüchtig ich muß es nur wissen
ER warum bist du so mißtrauisch?
SIE ich weiß wer es war
ER du bleibst also dabei. Dann hab ich nichts mehr zu sagen
SIE du glaubst damit kommst du bei mir durch
ER ich wüßte nicht womit
SIE du hast es getan ich weiß du hast es getan
ER nein
SIE du kannst es ruhig zugeben
ER da ist nichts zuzugeben
SIE sie hat's mir selbst erzählt
ER das sagst du nur so
SIE sie ist hergekommen und hat mir alles erzählt

ER warum denkst du dir so was aus?
SIE ich laß mir doch von dir nicht meinen Sinn für die Realität rauben zusammen mit allem anderen
ER du leidest an Paranoia
SIE damit kommst du bei mir nicht durch
ER du bist selber an ihr interessiert
SIE nein
ER du bist eine unbewußte Lesbierin
SIE nein
ER du solltest zum Psychiater gehen
SIE so kannst du mich nicht abwimmeln
ER du hast dich in eine fixe Idee verrannt
SIE du hast es getan ich weiß du hast es getan
(*Pause*)
ich ruf sie auf der Stelle an
(*Pause*)
du hast es getan
(*Pause*)
ER nur einmal
SIE was für ein Lügner du bist
ER es hat überhaupt keinen Spaß gemacht
SIE was für ein gemeiner Lügner du bist

23
Bitte verzeih mir Liebling

ER bitte verzeih mir Liebling
SIE was hab ich dir nicht schon alles verziehen
ER bitte verzeih mir noch dieses eine Mal
SIE es gibt nichts mehr zu verzeihen
ER nicht verzweifeln Liebling
SIE nein?
ER bitte verzeih mir Liebling
SIE ich hab dir schon so viel verziehen bitte ich bin müde
ER aber Liebling wie soll ich kommen
wenn du mir nicht verzeihst
SIE dann versuch doch zu gehen
ER aber Liebling wenn du mir nicht verzeihst
dann muß ich es noch einmal tun
damit du mir wieder verzeihen kannst
SIE ich werde dir nie verzeihen
ER du bist so anmaßend
SIE ich werde dir nie wieder was verzeihen
ER aber du kannst gar nicht anders Liebling
SIE nein
ER du hältst das nicht durch
keine Sorge es wird schon wieder
SIE es ist mir Ernst damit
ER ich sorge dafür daß du was zum Verzeihen bekommst
SIE bitte nicht meinetwegen
ER keineswegs. Ich tu gern etwas für deine geistige
Entwicklung

24
Halt den Mund

SIE das ist das gleiche
ER eben nicht
SIE doch
ER laß uns nicht noch mal damit anfangen
SIE richtig
ER warum hast du immer das letzte Wort?
SIE du kannst es gerne haben
ER danke
(*Pause*)
SIE bitte
ER warum kannst du nicht den Mund halten?
SIE warum kannst *du* nicht den Mund halten?
ER halt den Mund
SIE halt du doch den Mund
(*beide zusammen*)
ER halt den Mund
SIE halt den Mund

25

nie hab ich es gesehen
nie hab ich es gehört
nie hab ich es gerochen, berührt, geschmeckt
nie hab ich es gespürt
nie hab ich es jemand erwähnen hören
nie hatte ich eine Ahnung davon
nie hab ich davon geträumt
nie hab ich es gewollt
nie hab ich es vermißt
nie hab ich es verloren
nie hab ich es gefunden

26

Warum hat der Pfau gekreischt?
    um sich zu hören
warum hat der Pfau gekreischt?
    weil er sich nicht sehen konnte

Vier

27
Ich kann doch nichts dafür

SIE ich kann doch nichts dafür
ER wofür kannst du nichts?
SIE daß mich das überkommt
ER daß dich was überkommt?
SIE wenn ich das wüßte
ER wie ist es denn?
SIE es ist schrecklich
ER wieso schrecklich?
SIE weiß ich auch nicht das ist ja das Schreckliche
ER gib dir doch mal Mühe
SIE tu ich ja
ER aber nicht genug
SIE ich weiß
ER du bist viel zu blasiert
SIE ich bin verzweifelt
ER wo waren wir stehen geblieben?
SIE ich weiß nicht
ER was willst du damit sagen du weißt nicht?
SIE was willst du damit sagen was ich damit sagen will?
ER was hattest du überhaupt gesagt?
SIE ich hatte gesagt ich kann nichts dafür
ER wofür kannst du nichts?
SIE daß mich das überkommt
ER was denn?
SIE das mit uns
ER wovon redest du eigentlich?
SIE (*Schweigen*)
ER du mußt doch von irgendwas geredet haben
SIE das ist es ja das kann ich selbst nicht sagen
ER was willst du damit sagen du kannst es nicht sagen?
SIE ich kann es eben nicht sagen

ER kannst was nicht sagen?
SIE das weißt du ganz genau
ER das weiß ich nicht
SIE du weißt es nicht?
ER warum hörst du nicht auf damit?
SIE womit eigentlich?
ER immer so schwierig zu sein
SIE ich geb mir ja Mühe
ER aber nicht genug
SIE ich geb mir wirklich Mühe
ER dann gib dir mal Mühe meine Frage zu beantworten
SIE welche Frage?
ER warum bist du so schwierig?
SIE ich bin nicht schwierig
ER bist du doch
SIE bin ich nicht
ER du bist eben so
SIE nein ich bin nicht so
ER doch
SIE nein
ER und du kannst nichts dafür?
SIE nein ich kann nichts dafür
ER kannst du doch
SIE kann ich nicht
ER du bist nicht schwierig?
SIE nein
ER was bist du dann?
SIE das weiß ich nicht
ER du bist wie du bist
SIE ich bin nicht wie ich bin
ER du mußt dich nehmen wie du bist
SIE ich bin aber nicht wie ich bin
ER wie bist du dann?
SIE (*Schweigen*)
ER da hast du's
SIE (*Schweigen*)
ER du bist du
SIE ich bin nicht ich

ER warum bist du so schwierig?
SIE ich bin nicht schwierig
ER hör auf mit deinen Spielchen
SIE ich kann doch nichts dafür
ER warum läßt du's nicht bleiben?
SIE was denn?
ER das alles
SIE was alles?
ER du weißt schon
SIE das weiß ich nicht
ER warum mußt du immer so egozentrisch sein?
SIE ich merke wie ich mich verliere
ER du denkst zuviel über dich nach
SIE ich kann doch nichts dafür
ER du widersprichst dir selbst
SIE ich kann doch nichts dafür
ER warum läßt du dir nicht helfen von mir?
SIE wie denn?
ER indem du nicht mehr so schwierig bist
SIE aber wie denn?
ER beantworte meine Frage
SIE was für eine Frage?
ER hör auf zu fragen jetzt frage ich
SIE was hast du denn gefragt?
ER warum bist du so schwierig?
SIE ich bin nicht schwierig
ER worüber hast du dich dann beklagt?
SIE ich hab mich nicht beklagt
ER warum widersprichst du mir immer?
SIE ich widersprech dir nicht immer
ER und was hast du eben getan?
SIE ich war anderer Meinung als du
ER du glaubst du mußt dich mit mir messen
SIE ich will mich nicht mit dir messen
ER es geht hier nicht ums Gewinnen
SIE das hab ich auch nie behauptet
ER und das nennst du nicht schwierig?
SIE ja

ER und du treibst kein Spielchen mit mir?
SIE nein
ER worum geht's dir dann?
SIE um gar nichts um gar nichts geht es mir
ER aber um irgendwas muß es dir doch gehen
SIE wenn ich doch nur davon loskäme
ER worüber beklagst du dich denn nun wirklich?
SIE ich beklage mich nicht
ER hast du das etwa vergessen?
SIE nein
ER warum weißt du es dann nicht mehr?
SIE was denn? was soll ich wissen?
ER siehst du du hast es schon wieder vergessen
SIE nein hab ich nicht
ER du merkst gar nicht wie schwierig du bist?
SIE nein
ER siehst du nicht daß ich dir helfen will?
SIE doch das sehe ich du willst mir helfen
ER und warum läßt du dir dann nicht helfen?
SIE ich hab dich nie gebeten mir zu helfen
ER siehst du nicht daß du allein nicht loskommst davon?
SIE das sag ich ja
ER warum läßt du dir dann nicht helfen von mir?
SIE deine Hilfe ist grad so wie Salzwasser für den Ertrinkenden
ER da hast du's
SIE was denn?
ER warum bist du wie du bist?
SIE ich bin nicht wie ich bin
ER wie bist du dann?
SIE wie nichts
ER du bist unmöglich
SIE ich kann doch nichts dafür
ER wofür kannst du nichts?
SIE daß mich das überkommt
ER worüber beklagst du dich eigentlich?
SIE ich beklage mich nicht
ER du hast wohl ein schlechtes Gedächtnis?

SIE nein
ER warum weißt du es dann nicht mehr?
SIE was denn? was soll ich wissen?
ER wie lange du das schon hast
SIE wie lange ich was schon habe?
ER daß du dich beklagst
SIE ich beklag mich nicht
ER was tust du dann?
SIE ich sagte ich kann nichts dafür
ER kannst du doch
SIE kann ich nicht
ER man darf nie die Hoffnung verlieren
SIE es gibt keine Hoffnung
ER kein Grund zum Verzweifeln
SIE ich kann doch nichts dafür
ER wofür kannst du nichts?
SIE daß mich das überkommt
ER daß dich was überkommt?
SIE das
ER was?
SIE das (*Pause*) das
ER was du sagst ergibt keinen Sinn
SIE ich weiß
ER warum machst du dann immer weiter?
SIE ich wollte ich könnte aufhören
ER und warum hörst du nicht auf?
SIE ich kann doch nichts dafür
ER du würdest nicht immer weitermachen wenn du du selber wärst
SIE wenn wir doch bloß damit aufhören könnten
ER womit aufhören?
SIE damit
ER womit denn?
SIE mit dem (*Pause*) mit dem
ER du mußt dich schon deutlicher ausdrücken
SIE ich drück mich so deutlich aus wie ich kann
ER und worum geht es dir?
SIE um gar nichts geht es mir

ER worauf willst du hinaus?
SIE ich will auf gar nichts hinaus
ER was willst du nun eigentlich sagen?
SIE ich hab es schon gesagt
ER sag's noch mal
SIE ich hab es hundertmal gesagt
ER was denn?
SIE ich wollte ich käme los davon
ER wovon?
SIE von all dem
ER von was denn?
SIE das hört nie auf
ER siehst du nicht daß ich dir helfen will?
SIE oh Gott
ER was ist?
SIE du
ER jetzt fängst du schon wieder an
SIE laß mich in Ruhe
ER ich tu dir doch nichts
SIE o doch doch doch das tust du doch
ER du weißt genau daß das nicht wahr ist
SIE ich weiß nur daß ich mich bald nicht mehr beherrschen kann
ER und was meinst du wirst du tun?
SIE wann?
ER wenn du's bleiben läßt
SIE was denn?
ER das alles
SIE was alles?
ER das mit dir
SIE wär ich nur nicht hier
ER du hast Selbstmordgedanken?
SIE wenn ich doch nichts dafür kann
ER du drückst dich um deine Verantwortung
SIE ich kann mit dir nicht reden
ER sei doch nicht so pauschal
SIE das meine ich doch
ER eben

SIE als spräche ich gegen eine Wand oder in den leeren Raum

ER du bringst es einfach nicht über dich
mich als dir ebenbürtig zu akzeptieren

SIE aber da ist niemand

ER das spür ich auch

SIE was spürst du?

ER daß du nicht da bist

SIE das hat doch keinen Sinn

ER du bist deprimiert

SIE ich bin verzweifelt

ER weil du dir nicht helfen lassen willst

SIE wie denn?

ER du mußt dir helfen lassen dir darüber klarzuwerden
daß du dir helfen lassen mußt

SIE bitte hör auf mir helfen zu wollen

ER ich kann doch nichts dafür

SIE wofür kannst du nichts?

ER daran läßt sich wohl nichts ändern

SIE woran?

ER an dir

SIE ich hab dich nicht gebeten irgend etwas an mir zu ändern

ER worum hast du mich dann gebeten?

SIE ich hab um gar nichts gebeten

ER warum bist du dann hier?

SIE ich sagte ich kann nichts dafür
daß ich immer und immer wieder zurückkommen muß

ER worüber beklagst du dich?

SIE ich sage nur daß es für mich
immer schwieriger wird mit dir

ER du verdrängst deine wahren Gefühle

SIE finde ich nicht

ER ach ja richtig du kannst ja nichts dafür

SIE das ist alles so schrecklich

ER du fühlst nichts?

SIE bitte mach nicht daß ich etwas fühle

ER ich weiß genau daß du das nicht meinst

SIE bitte ich will wirklich nichts fühlen
ER bist du ein Roboter?
SIE bitte (*streckt die Hand aus*) ich bin kein Roboter
ER ich hab nämlich keine Lust meine kostbare Zeit mit einem lausigen Roboter zu vergeuden
SIE ich bin kein Roboter
ER dann hör auf dich wie einer zu benehmen
SIE ich kann doch nichts dafür
ER vielleicht kannst du wirklich nichts dafür
SIE sonst wär ich doch gar nicht hier
ER ich will dir helfen
SIE jetzt bist du gekränkt
ER bilde dir nur nichts ein
SIE das wollte ich nicht
ER was wolltest du nicht
SIE dich kränken
ER du hast mich nicht gekränkt
SIE ich glaube doch
ER du befindest dich im Stadium infantiler Omnipotenz
SIE hab ich dich gekränkt?
ER wie denn?
SIE weiß ich nicht
ER was weißt du nicht?
SIE wie ich dich gekränkt habe
ER du hast das Gefühl du hast mich gekränkt?
SIE ja
ER du hattest gerade eben das Gefühl mich gekränkt zu haben?
SIE ich weiß nicht recht
ER vielleicht hast du es dir nur eingebildet?
SIE vielleicht
ER oder vielleicht doch nicht?
SIE ich hab es mir nicht nur eingebildet?
ER jetzt fängst du schon wieder an
SIE womit?
ER jetzt hast du doch tatsächlich wieder damit angefangen

SIE womit?
ER das weißt du ganz genau
SIE nein ich weiß es nicht
ER hier und jetzt
SIE ich weiß nicht wovon du redest
ER hörst du jetzt auf damit?
SIE womit denn?
ER was du hier und jetzt tust
SIE ich lebe
ER nennst du das was du tust leben?
SIE ich geb mir Mühe
ER aber nicht genug
SIE ich kann doch nichts dafür
ER wofür kannst du nichts?

Five

28

Take this pill
to help you not to shout
it takes away the life
you're better off without

Fünf

28

Mit dieser Pille
hörst du bald auf zu schrein
sie nimmt dir das Leben
das wird besser sein

29

The trouble with you
's you've lost a screw

I'm sorry it's you
but there's nothing to do

There'll be no abatements
there are no replacements

don't make a to-do
just say toodle-oo

I'm sorry I can't help you
you'd cost too much to redo

you'll have to be abolished
report to be demolished

29

Bei dir ist zwar bloß
eine Schraube los

doch leider kann ich nun
nichts mehr für dich tun

Es wird nichts korrigiert
und nichts repariert

also mach kein Geschrei
sag einfach bye-bye

ich bedaure daß das Geld
für deine Instandsetzung fehlt

es wird Zeit dich zu liquidieren
laß dich endlich demolieren

30

Is he trying to amuse me
to confound and confuse me?
Does he bring me home flowers
in order to use me?

I tell her I love her
because I hate her
I'm nice to her now
to do her in later.

Does he kiss me and pet me
just to perplex me?
If I cut my throat
will he aid and abet me?

After she's gone
I'll quickly forget her
go on the prowl
and find something better.

30

Wie soll ich seine Bemühungen verstehen,
will er mir damit den Kopf verdrehen?
Bringt er mir Blumen ins Haus
um mich dann zu hintergehen?

Ich sag ihr, ich liebe sie
denn ich kann sie nur hassen
ich bin zuerst nett zu ihr
um sie dann fallenzulassen.

Ob er schmust und girrt
weil mich das verwirrt?
Wenn ich mir den Hals durchschneide
ob er dann helfen wird?

Sobald sie fort ist
ist sie mir schnuppe
und ich mach Jagd
auf 'ne neue Puppe.

31

She's nasty to me
so I'm nasty to her

she follows me
so I follow her

31

Ist sie gemein zu mir
bin ich gemein zu ihr

hängt sie an mir
häng ich an ihr

32

They say that good intentions
pave the road to hell
if a thing is not worth doing
it's not worth doing well

32

Es heißt daß gute Vorsätze
den Weg zur Hölle pflastern
wenn etwas zu tun sich nicht lohnt
ist's besonderer Mühe nicht wert

33

I dreamt I was a butterfly
dreaming it was me
it looked into a mirror
there was nothing there to see

"You lie!"
            I cried

It woke
            I died

33

Im Traum war ich ein Schmetterling
der träumte er sei ich
er blickte in den Spiegel
sah weder sich noch mich

»Du lügst!« schrie ich in meiner Not

Er erwachte

ich war tot

34

Sometimes I come
sometimes I go
but which is which
I don't know

sometimes I am
sometimes I'm not
but which is which
I forgot

34

Manchmal komme ich
manchmal gehe ich
ob ich aber komme oder gehe
weiß ich nicht

manchmal bin ich
manchmal bin ich nicht
ob ich aber bin oder nicht bin
hab ich vergessen

35

I dreamt I was a dead rat
in a city sewer
I started to rust
and turned to dust
until I was no more

35

Im Traum lag ich als tote Ratte
im Abwasserkanal
ich fing zu rosten an
und wurde zu Staub sodann
bis es mich nicht mehr gab

36

Why is there she?
why is there me?

why why why why why why why why why

I can't even see
why a flea
is so wee

let alone
where I'll be
when I die

Why is there she?
why is there *he*?

why why why why why why why why why

I can't even see
where it goes
when I pee

let alone
where I'll be
when I die

36

Warum gibt es sie?
warum gibt es mich?

warum warum warum warum warum warum warum warum
warum

ich weiß nicht mal: wieso
ist eigentlich der Floh
so ein winziges Tier

und schon gar nicht: wo
führt die Reise hin
wenn ich gestorben bin

Warum gibt es sie?
warum gibt es *ihn*?

warum warum warum warum warum warum warum warum
warum

ich weiß nicht mal: wo
läuft die Pisse hin
wenn ich am Leben bin

und schon gar nicht: wo
führt die Reise hin
wenn ich gestorben bin

37

Mummy'll scream
if you have a wet dream

Do not let frustration
lead to masturbation

Little Billy
plays with his willy
that's why he's silly

37

Mutti ist schrecklich aufgebracht
kommt's dir mal mitten in der Nacht

Bist du noch so frustriert
es wird nicht onaniert

Der kleine Franz
spielt mit seinem Schwanz
drum stimmt's bei ihm nicht ganz

38

Hello (*casually*)
Yes it is (*absently*)
No (*uncuriously*)
Really (*with some surprise*)
Whose was it (*out of politeness*)?
Mine (*incredulously*)!
When (*challengingly*)?
Really (*interestedly*)
A hha (*reminiscently*)
Mmmm (*musingly*)
You should have told me (*ironically*)
A pity I couldn't have had it for you (*gleefully*)
There it is (*grimly*)
Give me a ring sometime (*dutifully*)
You could always have another (*brutally*)
C'est la vie (*consolingly*)
Goodbye (*sincerely*)

38

Ja hallo (*beiläufig*)
Am Apparat (*zerstreut*)
Nein (*gleichgültig*)
Tatsächlich (*etwas überrascht*)
Wem hat es denn gehört (*aus reiner Höflichkeit*)?
Mir (*ungläubig*)!
Wann (*herausfordernd*)?
Tatsächlich (*interessiert*)
Aha (*sich erinnernd*)
Mmm (*nachdenklich*)
Das hätten Sie mir sagen sollen (*spöttisch*)
Ein Jammer daß ich nichts für Sie tun konnte (*fröhlich*)
Da haben Sie's (*wütend*)
Rufen Sie mich doch bei Gelegenheit an (*pflichtschuldig*)
Sie können jederzeit einen anderen haben (*brutal*)
C'est la vie (*tröstend*)
Auf Wiederhören (*aufrichtig*)

Six

39

Where's the pleasure?
where's the fun?

is this only
one long bum run?

is what seemed joy
one more decoy?

where's the delight
I took in your sight?

is there a morning
to follow this night?

Sechs

39

Wo bleibt der Spaß?
wo bleibt das Vergnügen?

ist dies alles nichts
als ein Sack voller Lügen?

war die Fröhlichkeit nur
eine krumme Tour?

ob mir dein Anblick nie
mehr Freude macht?

folgt wohl ein Morgen
auf diese Nacht?

40

The die is cast
you're breathing your last
no more will you roam

your breath has a smell
that's straight from hell
you've found your Home Sweet Home

40

Die Würfel sind gefallen
du hauchst dein Leben aus
vorbei sind die rastlosen Stunden

aus deinem Atem weht schon
der Dunst der Hölle
du hast dein Zuhause gefunden

41

You can rant and rave
I won't be your slave
or another gap to fill in

it's none too soon
for a new spittoon
and something else to shit in

41

Tob nur und schrei
ich bin nicht dein Lakai
ich werd mich für dich nicht zerreißen

so geht es nicht mehr
ein neuer Spucknapf muß her
und ein anderer Topf zum Scheißen

42

Why do you lie in bed
soft in the head
on a cold and frosty morning?

the other side of light
isn't very bright
I didn't heed the gypsy's warning

42

Warum liegst du im Bett
an einem kalten Morgen
frierend und ganz verstört?

jenseits des Lichts
ist es nicht sehr hell
hätt ich nur auf die Zigeunerin gehört

43

Do I hurt you
when I touch you?

was that a shiver
or a quiver?

tell me where
you're there

taunt me
haunt me
as long as you want me

43

Tut dir je
meine Zärtlichkeit weh?

war das ein Frösteln eben
oder ein erregtes Beben?

bin ich jetzt nah?
du bist schon da

verspotte mich
verhöhne mich
tu alles nur verwöhne mich

44

You'll cry
when I die

you'll yawn
when I'm gone

you'll be bored
unadored

44

Wenn ich sterbe
wirst du klagen

die Tage danach
gähnend ertragen

doch ohne Verehrer
wird Langeweile dich plagen

45

Cross your fingers
tell me your woes
there are lies that linger
cross your nose
If Cain were able
he would give you a rose

45

Treib dein doppeltes Spiel
und jammere mir was vor
ich seh dir die Lügen
an der Nasenspitze an

Wenn Kain noch lebte
ihr wärt ein gutes Gespann

46

Was that a kiss?
or a hiss
from the abyss?

46

Waren das Küsse aus deinem Mund?
oder Flammen
aus dem Höllenschlund?

47

I liked to eat mice
that was then
I was ten
now it's men
they're not as nice

47

Ich aß mal gern Mäuse
damals mit zehn
sehr delikat
heute sind's Männer
doch die sind fad

48

I could tell
from your eyes
you fell
from the skies

out of the blue
there were you

but I knew it wasn't true
and away
you flew

48

Ich sah's
in deinen Augen
du kamst
aus dem Nichts

aus dem blauen Himmel
warst du plötzlich bei mir

doch das Wunder war erfunden
und du bist
entschwunden

Seven

49

Daisy, Daisy
what are we going to do?
I'm half crazy
I'm in love and in hate with you

although I'm so contrary
at least I'm not a fairy

'twould break my heart
if we should part
it's already divided in two

Sieben

49

Daisy, Daisy
ich kann nicht mehr
ich werd noch verrückt
denn ich liebe und hasse dich sehr

auch wenn sich manches in mir widerspricht
ein Schwuler bin ich jedenfalls nicht

der Trennungsschmerz
träfe mich mitten ins Herz
das ohnehin schon auseinanderbricht

50

You're gonna get it
you're gonna live to regret it
if only you'll marry me
if only you'll marry me

You won't forget me in a hurry
I'll make you sorry, make you worry
if only you'll marry me
if only you'll marry me

I'll squash you like a fly
make you squish and squirm and fry
if only you'll marry me
if only you'll marry me

I'll mate you and bait you
and settle down to hate you
if only you'll marry me
if only you'll marry me

We'll live a life of misery
if only you'll marry me

50

Du wirst dich nie mehr freuen
du wirst es ewig bereuen
sind wir erst Mann und Frau
sind wir erst Mann und Frau

Du wirst immer an mich denken
ich werd dich quälen und kränken
sind wir erst Mann und Frau
sind wir erst Mann und Frau

Ich zerquetsch dich wie 'ne Mücke
ich zerfetze dich in Stücke
sind wir erst Mann und Frau
sind wir erst Mann und Frau

Ich werd dich zappeln lassen
dich immer nur hassen
sind wir erst Mann und Frau
sind wir erst Mann und Frau

Es wird ein Leben elend und grau
sind wir erst Mann und Frau

51

You were a nice little gay thing
a bird that only could sing
but joy began to cloy
for you were not a boy
some bell just wouldn't ring

you were a pretty safe plaything
a bee without any sting

I took my chances
with other romances

we had a fight
I proved I was right

you were second best
but now you've left

I'm a yoyo without a string

51

Du warst ein nettes fröhliches Ding
ein singender Vogel ein Schmetterling
doch dann war die Freude verklungen
denn du hattest nichts von einem Jungen
der zündende Funke war weg

du warst ein Spielzeug ohne Gewicht
wie eine Biene die nicht sticht

ich ging das Risiko ein
und hatte andere Romanzen

bei einem Wortgefecht
behielt ich recht

du warst die Nummer Zwei
warum gingst du denn nur

jetzt bin ich ein Jojo
ohne Schnur

52

Song of the false guru's wife

If only it were as easy
as they try to make is sound
I'd always be chirpy and cheery
    and whirl round and round and round
    and whirl round and round and round

        But

        his Chakras are filled up with sawdust
        his Kundalini is coiled up in glue
        his third eye is stuffed with broken glass
        and I don't know what to do

When I'm washing the dishes
when I take out the children to play
I often feel I'd rather be dead
    if things go on this way
    if things go on this way

        For

        his Chakras are filled with sawdust
        his Kundalini is coiled up in glue
        his third eye is stuffed with broken glass
        and I don't know what to do

When I open my eyes in the morning
when I shut them tight at night
there he's sneering and jeering and leering
    and from him comes a foul white light
    and from him comes a foul white ligth

        For

        his Chakras are filled up with sawdust
        his Kundalini is coiled up in glue
        his third eye is stuffed with broken glass
        and I don't know what to do

52
Lied der Frau vom falschen Guru

Wenn alles so einfach wäre
wie's bei denen immer klingt
dann wäre ich dauernd nur fröhlich
    und heiter und beschwingt
    und heiter und beschwingt

Doch

voller Sägemehl sind seine Chakras
sein Kundalini begraben im Leim
sein drittes Auge aus Glas eine Scherbe
und ich weiß nicht aus noch ein

Oft wenn ich den Abwasch mache
mit den Kindern zum Spielen geh
dann möchte ich gar nicht mehr leben
    weil ich keine Veränderung seh
    weil ich keine Veränderung seh

Denn

voller Sägemehl sind seine Chakras
sein Kundalini begraben im Leim
sein drittes Auge aus Glas eine Scherbe
und ich weiß nicht aus noch ein

Öffne ich morgens die Augen
schlaf ich am Abend ein
kommt von ihm nur ein spöttisches Grinsen
    und ein schmutzig weißer Schein
    und ein schmutzig weißer Schein

Denn

voller Sägemehl sind seine Chakras
sein Kundalini begraben im Leim
sein drittes Auge aus Glas eine Scherbe
und ich weiß nicht aus noch ein

His veins are clogged with mercury
I'm certain it's not right
the bells of hell shall ring his knell
    for in his heart is night
    for in his heart is night

        For

        his Chakras are filled up with sawdust
        his Kundalini is coiled up in glue
        his third eye is stuffed with broken glass
        and I don't know what to do

Quecksilber verstopft seine Adern
es ist unrecht hab ich oft schon gedacht
seine Totenglocke ertönt in der Hölle
    in seinem Herzen ist finstere Nacht
    in seinem Herzen ist finstere Nacht

Denn

voller Sägemehl sind seine Chakras
sein Kundalini begraben im Leim
sein drittes Auge aus Glas eine Scherbe
und ich weiß nicht aus noch ein

53

I swooned for the moon
but didn't get it

I peed in the sea
but didn't wet it

I poked the sun with a pole
but only made a hole

but

though I may be dim
if the sea tries to swim
I'll net it

I swallowed the stars
but still was hollow

I turned back the years
there's still tomorrow

I've offered God a role
but He's out of my control

I'm a pig in a poke
an awfully bad joke
I can't follow

53

Ich sehnte mich nach dem Mond
doch ich erwischte ihn nicht

ich pißte in die See
doch es zischte nicht

ich stieß einen Stock in die Sonne
doch ich machte nur ein Loch

doch

ich mag schwer von Begriff sein
schwimmt aber die See wie ein Schifflein
entwischt sie mir nicht

ich schluckte die Sterne
doch ich blieb hohl im Innern

ich drehte die Jahre zurück
doch ich kann mich an morgen erinnern

ich bot Gott eine Rolle
doch ich hab ihn nicht unter Kontrolle

ich bin eine Katze im Sack
ein schlimmer Schnickschnack
ich komme nicht mit

54

I was discontented
with girls that were rented
so I invented my own

I could switch her on
I could switch her off

she used to make me feel
I was quite a toff
but now it's my night to moan

she was mainly plastic
her arteries were elastic
and her voice was electronic monotone

she had a lovely hole
that was easy to control

I tried to fondle her
in case I'd grow fond of her
but now it's my night to moan

I was her maker
and I could break her
if she didn't answer the telephone

one day I broke her heart
but I'd lost the spare part

that's when she packed up
and then I cracked up
so now it's my night to moan

54

Weil mich gemietete Mädchen
nicht zufriedenstellten
erfand ich meine eigene Version

ich schaltete sie nach Belieben
ein und aus

bei ihr war ich immer
der Herr im Haus
doch heute quält mich das schon

sie hatte einen Leib aus Plastik
mit elastischen Venen
und ihre Stimme war elektronisch monoton

ich nahm ihren süßen Schlitz
nach Belieben in Besitz

ich wollte lieb zu ihr sein
für den Fall daß ich mich später
an sie gewöhnen sollte
doch heute quält mich das schon

ich hatte sie geschaffen
und ich konnte sie vernichten
ging sie mal nicht ans Telefon

eines Tages brach ich ihr dann das Herz
doch ich hatte das Ersatzteil verloren

so mußte sie elend verrecken
und ich zerbrach an dem Schmerz
drum quält mich das heute schon

55

As I was going along a road
I met a man, a bull, a god

He whisked me off to heaven
to be his concubine
but madame didn't like it
so now I'm worse than swine

He promised me the earth
gave me a present of the sky
he offered me a moonbeam
to wear if I was shy

He said I was a treasure
money couldn't buy
he knew just how to make me laugh
just when he'd made me cry

He taught me not to worry
to forget it when he came
he thought it would be better
if I didn't give the baby his name

55

Ich begegnete ihm auf der Straße
einem Mann, einem Stier, einem Gott

Er hob mich in den Himmel
damit ich mit ihm schlief
seine Gnädigste war dagegen
seither läuft alles schief

Er versprach mir die ganze Erde
und den Himmel obendrein
und einen Mondstrahl für meine Blöße
sollte ich schüchtern sein

Er sagte ich sei eine Perle
mit Gold nicht aufzuwiegen
er reizte mich erst zu Tränen
und brachte sie dann zum Versiegen

Er lehrte mich alles zu vergessen
und nichts zu denken wenn er kam
hinterher war er strikt dagegen
daß das Kind seinen Namen bekam

56

In days of old
when knights were bold
and women were just being invented

they locked up their wives
and fled for their lives
but never were contented

now times have changed
and those knights of yore
have no more armored plating

it's wipe your bum
before you come
and no more masturbating

still happy days will come again
we're meant for more than mating

but now we must
bite the dust

can't keep the ladies waiting

yes
happy days will come again
of that you can be sure

when women were women
and men were men
and we had pure manure

56

Es war in der alten Zeit
der kühnen Ritter
und die Frau wurde gerade erst erfunden

da sperrten sie ihre Weiber ein
und flohen um ihr Leben
doch zufrieden waren sie nie

heut herrschen andere Zeiten
und die Ritter von einst
sind ohne ihren eisernen Panzer

nun heißt's: wisch dir den Hintern
bevor du kommst
und onaniert wird auch nicht mehr

aber es kommen auch wieder glückliche Tage
wir sind zu Höherem bestimmt als zur Paarung

doch jetzt müssen wir
ins Graß beißen

es geht nicht an daß die Damen warten

ja
es kommen auch wieder glückliche Tage
dessen könnt ihr sicher sein

als Frau noch Frau
und Mann noch Mann
und unser Mist noch naturrein war

57

I went down to St. James's infirmary
to see my love dying there
I went down to St. James's infirmary
my own true love was dying there

It was the first thing in the morning
both the moon and the sun were there
it was the first thing in the morning
she left me gazing at her dead stare

It was down at St. James's infirmary
who knows if it's fair
they wouldn't let me kiss her
they said she wasn't there

They took her own sweet body
they stuffed her own sweet nose
they tied her toes together
they wouldn't let me have her clothes

Maybe I don't see it
but they didn't seem to care
that my own true love had left me
standing helpless there

57

Ich ging nach St. James ins Krankenrevier
meine Liebste lag dort im Sterben
ich ging nach St. James ins Krankenrevier
meine Liebste mein Alles lag dort im Sterben

Es war am frühen Morgen
die Welt lag im tiefen Schlaf
es war am frühen Morgen
als ihr toter Blick mich traf

Es war in St. James im Krankenrevier
ich finde es war nicht fair
sie sagten ich darf sie nicht küssen
denn es gäbe sie nicht mehr

Man bedeckte den zarten Körper
man verhüllte ihr liebes Gesicht
man band ihr die Füße zusammen
ihre Kleider gab man mir nicht

Vielleicht seh ich alles nicht richtig
doch mir schien es ließ alle kalt
daß ich ohne mein Liebstes dastand
ohne Hoffnung und ohne Halt

58

Refugees from the sixth dimension
take care when you mention
what's past recollection

the womb
's a tomb
death 's our first breath

out of the furnace
into the mire
out of the frying pan
into the fire

you may regret it
or, better, forget it
or tell a faded story
sans glory

but if you confess it
if you try to tell them
what they do not want to know

they'll pickle you in piddle
frizzle you in drizzle
fry you in snow

because they're wetter
doesn't mean you're better

to be emphatic
is not to be dogmatic

to be skeptic
is not to be erratic

one man's jubilation
's another's lamentation

your hallucination
's beyond their station

58

Flüchtlinge aus der sechsten Dimension
gebt acht wenn ihr erwähnt
was sich der Erinnerung entzieht

der Mutterleib
ist ein Grab
Tod der erste Atem

aus dem Feuer
in den Dreck
aus dem Regen
in die Traufe

ihr mögt es bedauern
oder noch besser vergessen
oder eine Geschichte erzählen
verblaßt, ohne Glanz

doch wenn ihr's gesteht
und ihnen erzäht
was sie nicht wissen wollen

werden sie euch in Pisse pökeln
im Regen rösten
und braten im Schnee

sie sind zwar nässer
doch das macht euch nicht besser

emphatisch sein
heißt nicht dogmatisch sein

skeptisch sein
heißt nicht ziellos sein

des einen Jubel
ist des anderen Klage

eure Halluzination
geht zu weit für sie

Eight

59

Now
if not forever
is
sometimes
better than never

Acht

59

Jetzt
wenn nicht für immer
ist
manchmal
besser als nimmer

60

Is there a unicorn in your eyes?
tell no lies

did the swordfish
pierce the moon?
answer soon

60

Seh ich ein Einhorn in deinen Augen?
erzähl keine Lügen

hat der Schwertfisch
den Mond durchbohrt?
antworte bald

61

When I try
from Zen sickness to fly

I'm sometimes low
and I'm sometimes high

sometimes I'm in
sometimes I'm out

sometimes I sing
and sometimes I SHOUT

sometimes I just laze around
sometimes I go underground

but

nevertheless
I must confess
it all seems less
than second best

without the one for whom I care
to pick my nose
and pull my hair

61

Will ich mich befrein
vom schweren Zen-Dasein

bin ich manchmal down
und manchmal high

manchmal in
manchmal out

manchmal singe ich
manchmal SCHREI ich laut

manchmal lieg ich nur träge herum
manchmal kremple ich alles um

doch

bei alledem
muß ich gestehn
es läuft immer verkehrt
und ist nicht halb soviel wert

ohne die eine die mir dreist
auf der Nase rumtanzt
und das Herz zerreißt

62

Love is like the fallling snow
once it comes it has to go

never say so, it's a lie
love's forever, 'tis time must fly

62

Die Liebe ist so vergänglich wie Schnee
kaum ist er da, ist sein Ende nah

sag das nie, es ist Lug und Trug
die Liebe währt ewig, nur die Zeit vergeht im Flug

Nine

63
I mean to scream

I die forlorn
I was not born

I deny
I'm a butterfly

I'm a blot
I am not

I'm a fight no one fought
I'm a cold no one caught

I'm
the
Self-Appointed
Lord's
Anointed

I'm a turd
I'm absurd

I'm a twinkling light
in someone else's night

I'm an insoluble riddle
I'm a hole with no middle

I'm going to hell
to yell
and smell

I fiddle
when I piddle

I'm a nitwit
I'm a titbit

I'm a kinkie
like a pinkie

Neun

63
Ich will nur schrein

Ich bin verlassen und verloren
ich bin nie geboren

ich war und bin
kein Schmetterling

ich bin ein Fleck
ich bin weg

ich bin ein Kampf den keiner führt
ich bin ein Schmerz den keiner spürt

ich bin
der
Selbsternannte
Gottgesandte

ich bin stinkender Kot
ich bin ein Idiot

ich bin helles Gefunkel
in eines anderen Dunkel

ich bin eine Frage ohne Grund
ich bin ein Kreis und doch nicht rund

ich gehe zur Hölle
und jaule
und faule

ich pinkel
in den Winkel

ich bin ein Simpel
ich bin ein Gimpel

ich hab einen Trick
ich hab einen Knick

I'm a flower with no name
I grow all the same

I'm a piece of fluff
in the huff

Never learned the game
I left before I came

I mean
to
scream

I'm a dot
God forgot

I'm past mending
I'm a happy ending

Ich bin eine Blume namenlos
ich wachse trotzdem und werde groß

ich bin ohne Gewicht
wenn die Wut aus mir bricht

Ich hab das Spiel nie gelernt
und vor meiner Ankunft mich entfernt

ich will
nur
schrein

ich bin ein Häufchen Schrott
verlassen von Gott

ich bleibe ewig Patient
ich bin ein Happy-End

Ten

64
Do you love me?

SHE do you love me?
HE yes I love you
SHE best of all?
HE yes best of all
SHE more than the whole world?
HE yes more than the whole world
SHE do you like me?
HE yes I like you
SHE do you like being near me?
HE yes I like being near you
SHE do you like to look at me?
HE yes I like to look at you
SHE do you think I'm stupid?
HE no I don't think you're stupid
SHE do you think I'm attractive?
HE yes I think you're attractive
SHE do I bore you?
HE no you don't bore me
SHE do you like my eyebrows?
HE yes I like your eyebrows
SHE very much?
HE very much
SHE which one do you like the most?
HE if I say one the other will be jealous
SHE you have to say
HE they are both exquisite
SHE honest?
HE honest
SHE have I got nice eyelashes?
HE yes nice nice eyelashes
SHE do you like to smell me?

Zehn

64
Liebst du mich?

SIE liebst du mich?
ER ja ich liebe dich
SIE mehr als alles?
ER ja mehr als alles
SIE mehr als alles in der Welt?
ER ja mehr als alles in der Welt
SIE magst du mich?
ER ja ich mag dich
SIE bist du gern bei mir?
ER ja ich bin gern bei dir
SIE schaust du mich gerne an?
ER ja ich schau dich gerne an
SIE hältst du mich für dumm?
ER nein ich halte dich nicht für dumm
SIE findest du mich hübsch?
ER ja ich finde dich hübsch
SIE langweile ich dich?
ER nein du langweilst mich nicht
SIE gefallen dir meine Augenbrauen?
ER ja deine Augenbrauen gefallen mir
SIE sehr?
ER ja sehr
SIE welche gefällt dir besser?
ER wenn ich eine nenne ist die andere eifersüchtig
SIE du mußt eine nennen
ER sie sind beide wunderschön
SIE ehrlich?
ER ehrlich
SIE hab ich lange Wimpern?
ER sehr sehr lange Wimpern
SIE riechst du mich gern?

HE yes I like to smell you
SHE do you like my perfume?
HE yes I like your perfume
SHE do you think I've good taste?
HE yes I think you have good taste
SHE do you think I'm talented?
HE yes I think you're talented
SHE you don't think I'm lazy?
HE no I don't think you're lazy
SHE do you like to touch me?
HE yes I like to touch you
SHE do you think I'm funny?
HE only in a nice way
SHE are you laughing at me?
HE no I'm not laughing at you
SHE do you really love me?
HE yes I really love you
SHE say "I love you"
HE I love you
SHE do you want to hug me?
HE yes I want to hug you, and cuddle you,
and bill and coo with you
SHE is it all right?
HE yes it's all right
SHE swear you'll never leave me?
HE I swear I'll never ever leave you, cross my heart
and hope to die if I tell a lie
(*pause*)
SHE do you *really* love me?

ER ja ich rieche dich gern
SIE magst du mein Parfüm?
ER ja ich mag dein Parfüm
SIE glaubst du ich hab einen guten Geschmack?
ER ja ich glaube du hast einen guten Geschmack
SIE glaubst du ich bin begabt?
ER ja ich glaube du bist begabt
SIE du hältst mich nicht für faul?
ER nein ich halte dich nicht für faul
SIE faßt du mich gerne an?
ER ja ich fasse dich gerne an
SIE findest du mich komisch?
ER aber nur auf eine sehr nette Art
SIE lachst du mich aus?
ER nein ich lache dich nicht aus
SIE liebst du mich wirklich?
ER ja ich liebe dich wirklich
SIE sag »ich liebe dich«
ER ich liebe dich
SIE möchtest du mich umarmen?
ER ja ich möchte dich umarmen
dich ganz fest an mich drücken
zärtlich streicheln und liebkosen
SIE ist es schön so?
ER ja so ist es schön
SIE schwörst du daß du mich nie verläßt?
ER ich schwöre daß ich dich nie verlasse
nie und nimmer bei allem was mir heilig ist
und wenn ich lüge will ich tot umfallen
(*Pause*)
SIE liebst du mich auch *wirklich*?

KiWi

6
Joseph Roth
Hiob

»Dieses Leben eines alltäglichen Menschen ergreift uns, als schriebe einer von unserem Leben, unseren Sehnsüchten, unseren Kämpfen. Ein großes und erschütterndes Buch, dem sich niemand entziehen kann.« Ernst Toller

224 Seiten. DM 9,80

7
Isaac Asimov
Die schwarzen Löcher

Asimov, als Sachbuch- und Science Fiction-Autor ein hervorragender Kenner der astronomischen Forschung, schreibt die Geschichte der Schwarzen Löcher, die gleichzeitig die Geschichte der Sterne ist. 224 Seiten. DM 14,80

8/9
Kate Millett
Fliegen – Flying

FLYING, neben SITA Kate Milletts persönlichstes Buch, ist eine sehr genaue Beschreibung der ersten Jahre der Frauenbewegung und zugleich ein Stück Autobiographie einer ihrer aktivsten führenden Figuren. 780 Seiten. 2 Bände à DM 14,80

10
Heinrich Böll
Haus ohne Hüter

Heinrich Bölls Roman HAUS OHNE HÜTER ist ein lebendiges Stück Nachkriegsgeschichte, zugleich eines der gelungensten und wichtigsten Bücher der deutschen Literatur nach dem Krieg. Zwei Kinder, beide vaterlos, erzählen ihre Geschichte aus wechselnden Perspektiven. 336 Seiten. DM 9,80

11
Charles Bukowski
Der Mann mit der Ledertasche

Den »besten Dichter Amerikas« haben Sartre und Genet den in Deutschland geborenen Charles Bukowski genannt. Mit Witz und ironischer Schlagkraft erzählt er hier die Geschichte seiner Erfahrungen als Briefträger. 176 Seiten. DM 9,80

KiWi

12
Ronald D. Laing
Liebst du mich?

Etwas von diesem Manöver aus Taktik und Emotion steckt in jeder menschlichen Beziehung. Wer sich Laings »Liebesgedichten« stellt, erfährt eine Menge über sich selbst und die anderen.
144 Seiten. DM 8,80

13
Gabriel García Márquez
Bericht eines Schiffbrüchigen

Auf der Fahrt von den USA nach Kolumbien gehen bei einem Sturm mehrere Matrosen über Bord eines Kriegsschiffes. Nur einem gelingt es, ein Rettungsfloß zu erreichen. Voller Spannung und Schaudern durchlebt der Leser mit dem Schiffbrüchigen zehn Tage auf diesem Floß. 176 Seiten. DM 10,80

14
Manfred Coppik/Jürgen Roth
Am Tor zur Hölle

Dieses Buch zur Kriegsdiskussion überrascht und schokkiert durch Mitteilungen, die der Bevölkerung und nichteingeweihten Politikern bisher vorenthalten wurden. Zum ersten Mal wird der Atomkrieg hier in seiner ganzen Grausamkeit anschaulich durch sogenannte »Szenarien«, die über die Auswirkungen eines Atomkriegs in Europa und den USA ins Bild setzen. Das Material dazu stammt aus amerikanischen Archiven; es ist der deutschen Öffentlichkeit noch völlig unbekannt.
Ca. 320 Seiten. DM 12,80

15
Boris und Lena Nikitin
Vom ersten Lebensjahr bis zur Schule

Das Buch des russischen Elternpaares Boris und Lena Nikitin DIE NIKITIN-KINDER.
EIN MODELL FRÜHKINDLICHER ERZIEHUNG hat bei Eltern und Erziehern ein ungewöhnliches Interesse gefunden. VOM ERSTEN LEBENSJAHR BIS ZUR SCHULE ist ein Teil des Buches DIE NIKITIN-KINDER, der jetzt von den Autoren um wesentliche Informationen (die Behandlung von Krankheiten ohne Medikamente, Ernährungsfragen, die Einrichtung des Nikitinschen Sportzimmers u. a.) erweitert wurde.
144 Seiten. DM 9,80

KiWi

16
J. D. Salinger
Der Fänger im Roggen

»Worauf aber begründet sich der Ruhm J. D. Salingers? Seit Hemingway und Fitzgerald gibt es in der amerikanischen Prosa keinen Erzähler, der jede Distanz zwischen Leser und Autor aufgehoben zu haben scheint – außer Salinger«.
Helmut M. Braem in »Stuttgarter Zeitung«

272 Seiten. DM 8,80

17
Günter Wallraff
Zeugen der Anklage

Nach Günter Wallraffs Bestseller DER AUFMACHER erscheint jetzt auch sein Folgeband ZEUGEN DER ANKLAGE in der Reihe KIWI. Diese beiden Bücher, die die Macht-Struktur und die journalistische Praxis eines unserer größten und einflußreichsten Medienkonzerne enthüllen, haben bisher über eine Million Käufer gefunden. Wallraffs Appell, daß journalistische Auswüchse ein Mißbrauch der Pressefreiheit sind, ist von einer großen Öffentlichkeit richtig verstanden worden.

18
George F. Kennan
Im Schatten der Atombombe

Kennan analysiert die Entwicklung der amerikanisch-sowjetischen Beziehungen von ihren Anfängen bis heute. Zugleich macht er deutlich, daß sich die derzeitige Weltsituation in einer sehr gefährlichen Phase befindet. Wenn die Abrüstungsbemühungen scheitern, rückt der Wahnsinn ihres Atomkrieges in bedrohliche Nähe.
Friedenspreis des Deutschen Buchhandels 1982.

Ca. 300 Seiten. DM 14,80